Seguridad en Cristo

EDITORIAL MUNDO HISPANO

EDITORIAL MUNDO HISPANO
130 Montoya Road, El Paso, TX 79932, EE. UU. de A.
www.editorialmundohispano.org

Nuestra pasión: Comunicar el mensaje de Jesucristo por medios impresos y digitales, a fin de animar y apoyar la formación de sus discípulos.

Diseño de la cubierta: Gonzalo Mendoza

Primera edición: 1999
Décima edición: 2023

Clasificación Decimal Dewey: 248.4
Tema: Discipulado para nuevos creyentes

ISBN: 978-0-311-13666-7
E.M.H. Art. No. 13666

1 M 7 23

Impreso en Colombia
Printed in Colombia

Introducción

Asegurarse es "estar más allá de toda duda". Estos estudios sobre la *Seguridad en Cristo* te ayudarán a confirmar o a "estar más allá de toda duda". Al memorizar, meditar y aplicar la Escritura aquí presentada, llegarás a la convicción de la realidad de estas promesas en tu vida.

Siempre memoriza el versículo presentado al inicio de cada lección. Quizá prefieras comenzar memorizando el versículo, o quizá prefieras primero completar las preguntas del estudio acerca del versículo. En cualquier caso asegúrate de memorizar el tema y la cita bíblica, así como el versículo. (El tema de cada versículo es igual al título de cada estudio en este librito.)

Memoriza una frase a la vez. Di: "La seguridad de la salvación, Primera de Juan cinco, once y doce: 'Y este es el testimonio'..." Repítelo varias veces hasta que te lo aprendas. Entonces, después de repetir lo que has aprendido, agrega la siguiente frase: "La seguridad de la Salvación, Primera de Juan cinco, once y doce: 'Y este es el testimonio: Dios nos ha dado vida eterna'..." Repite todo esto varias veces hasta aprenderlo. Luego agrega la siguiente frase. Repite el proceso hasta que hayas memorizado todo el versículo.

El elemento más importante en la memorización de la Escritura es repasar. ¡Repasar, repasar, repasar! Esto te ayudará a retener lo que ya has memorizado. Asegúrate de repasar cada versículo por lo menos una vez al día. Aprovecha tus momentos libres para repasar los versículos, llevándolos contigo adondequiera que vayas. Los versículos están impresos al final de este librito.

En cada lección:

- Memorizarás un versículo.
- Meditarás sobre lo que el versículo dice y significa, y contestarás preguntas acerca del versículo.
- Estudiarás otros pasajes bíblicos relacionados.
- Escribirás el versículo de memoria.
- Escribirás una manera de cómo aplicar el versículo a tu vida diaria.

El experimentar este proceso de memorizar, meditar, estudiar y aplicar te ayudará a entender y a vivir por los principios hallados en los versículos.

1

LA SEGURIDAD DE LA SALVACION

MEMORIZA 1 JUAN 5:11, 12

La Seguridad de la Salvación

Y este es el testimonio: que Dios nos ha dado vida eterna, y esta vida está en su Hijo. El que tiene al Hijo tiene la vida; el que no tiene al Hijo de Dios no tiene la vida.

1 Juan 5:11, 12

Los cinco versículos que vas a memorizar y a considerar en estos estudios sobre la *Seguridad en Cristo* te equiparán para los primeros encuentros con el enemigo. Su primer intento suele ser meterte dudas en cuanto a la obra que Dios ha hecho en tu corazón.

"¿No creerás que ya eres salvo y que te han perdonado tus pecados simplemente por haber creído y recibido a Cristo? ¡De seguro que solo eso no es suficiente!"

¿Cómo responderás? Tu única esperanza de resistir tal ataque con éxito es aferrarte a la Palabra de Dios. ¿Qué dice Dios acerca del asunto? Eso es lo más importante que tienes que saber.

Basado en este "testimonio" —la Palabra escrita de Dios— debes estar convencido de que tienes al Señor Jesucristo y con él la vida eterna. Así que puedes vencer en esta primera prueba de tu fe. El ataque puede volver a ocurrir, pero ahora tú podrás enfrentarlo con la Palabra de Dios en tu corazón.

MEDITACION SOBRE 1 Juan 5:11, 12

¿Quién da la vida eterna?

___

¿Dónde se encuentra la vida eterna?

___

¿Quién tiene la vida eterna?

___

¿Quién no tiene la vida eterna?

___

"Y ESTE ES EL TESTIMONIO"

1. Según Juan 20:31 ¿para qué fue escrita la Biblia?

___

___

"QUE DIOS NOS HA DADO VIDA ETERNA"

2. ¿Cómo ha mostrado Dios que te ama? Romanos 5:8

___

___

___

3. ¿Cuáles son los resultados de la naturaleza pecaminosa del hombre? Isaías 59:2

___

___

___

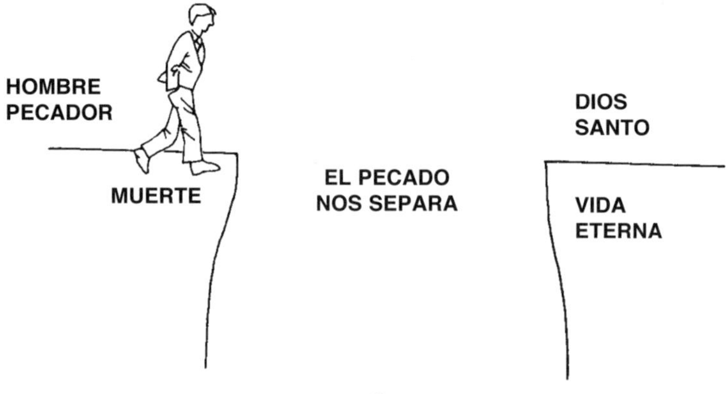

4. Lee Efesios 2: 8, 9. ¿Por qué fracasan los intentos del hombre para alcanzar a Dios?

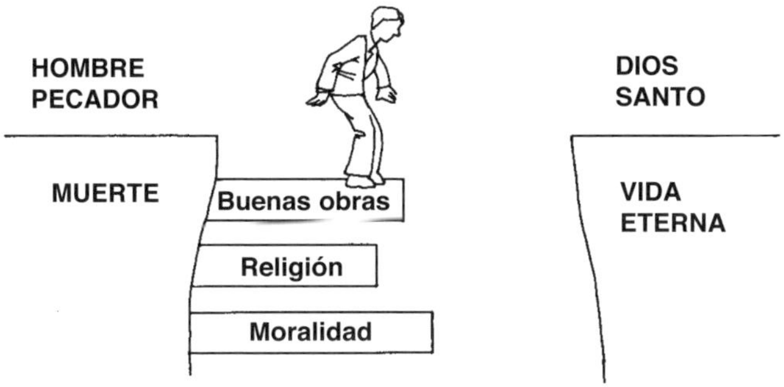

5. ¿Qué provisión ha hecho Dios para traer al hombre hacia sí mismo? 1 Pedro 3:18

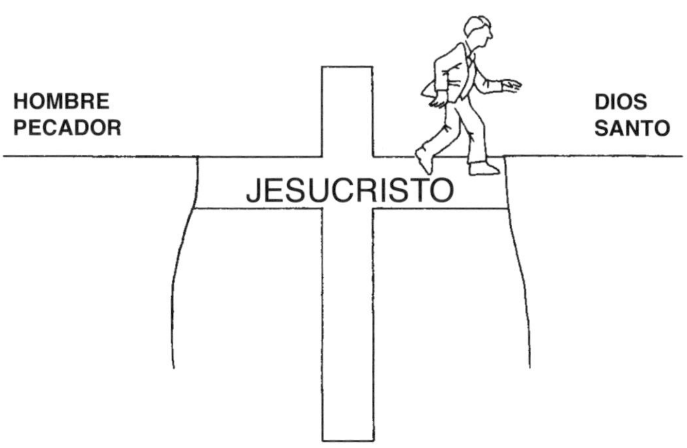

6. ¿Cómo puede una persona recibir la dádiva de la salvación? Juan 1:12

____

____

"EL QUE TIENE AL HIJO TIENE LA VIDA"

7. Según Juan 5:24, ¿cuáles son los tres resultados de oír y creer?

PRESENTE: ________________________________

FUTURO: __________________________________

PASADO: __________________________________

8. ¿Qué les ha prometido Jesús a sus seguidores en Juan 10:27-29?

____

____

9. ¿Qué ocurre cuando una persona llega a ser cristiana? 2 Corintios 5:17

____

____

10. ¿Cuáles de los siguientes cambios has experimentado en tu vida? (indica con una x los apropiados).

____ Paz interna
____ Nueva conciencia del pecado
____ Victoria sobre el pecado
____ Nuevo amor hacia Dios
____ Deseo de leer la Biblia
____ Cambios de actitud
____ Sentido del perdón
____ Nuevo interés por los demás

ESCRIBE DE MEMORIA 1 JUAN 5:11, 12

APLICACION DE 1 JUAN 5:11, 12

Medita sobre este pasaje y considera cómo se aplica a tu vida. ¿Cómo sabes que tienes vida eterna?

Ahora toma algunos momentos para expresarle tu gratitud a Dios por todo lo que te ha dado a través de su Hijo el Señor Jesucristo.

2

LA SEGURIDAD DE LA ORACION CONTESTADA

Repasa 1 Juan 5:11, 12, y marca una X aquí _____ después de haberlo recitado de memoria sin equivocación.

MEMORIZA JUAN 16:24

La Seguridad de la Oración Contestada

Hasta ahora no habéis pedido nada en mi nombre.
Pedid y recibiréis, para que vuestro gozo sea completo.

Juan 16:24

Otro ataque de Satanás puede ser hacerte dudar de la eficacia de la oración. Puede ser que él insinúe: ¡No creerás que Dios realmente está interesado en ti! El está muy lejos, y está ocupado con cosas más importantes. ¡Seguramente no crees que él oirá tus oraciones y mucho menos que las vaya a contestar!

Pero con Jesucristo como tu Salvador y Señor tienes el singular privilegio de hablar con tu Padre Celestial a través de él. Dios quiere que vengas con confianza a su presencia por medio de Cristo, y que hables con él acerca de cualquier cosa. (Busca Filipenses 4:6 y Hebreos 4:14-16). El está intensamente interesado en ti y en tus necesidades.

En el versículo para memorizar de este estudio, Juan 16:24, Jesús les hablaba a sus discípulos la noche antes de su muerte en la cruz. El no les dijo que no habían pedido nada en oración. Lo que les dijo es que no habían pedido nada en su nombre. Tú, en lo personal, de seguro has orado varias veces, especialmente cuando te has encontrado en problemas. Pero como creyente en Cristo puedes pedir en el nombre de Jesús porque le perteneces a él. Pedir en su nombre quiere decir pedir en su autoridad y por sus méritos. Así como el Padre respondió todas las oraciones de Jesús, del mismo modo él te responderá cuando le pidas en el nombre de su Hijo.

Memoriza esta promesa, aplica su verdad y experimenta el gozo de la oración contestada.

MEDITACION SOBRE JUAN 16:24

¿Qué es la oración?

___

¿En el nombre de quién debemos orar?

___

¿Cuáles son los resultados de la oración?

___

___

___

"HASTA AHORA NADA HABEIS PEDIDO EN MI NOMBRE"

1. ¿Qué nos dice Jesús sobre la oración en Mateo 7:7, 8?

   ___

   ___

2. ¿Cuáles son algunas condiciones importantes para la contestación de las oraciones? Juan 15:7

   ___

   ___

   1 Juan 5:14, 15

   ___

   ___

"PEDID Y RECIBEREIS"

3. ¿Qué es característico de las respuestas de Dios a las oraciones? Jeremías 33:3

   ___

   Efesios 3:20

   ___

4. Lee Mateo 7:9-11

¿Qué clase de regalos (dádivas) les da Dios a sus hijos?

____

¿Cómo crees que respondería Dios a una petición de algo que él sabe que sería dañino para ti?

____

¿Qué crees tú que hará Dios si él sabe que la contestación a tu oración será beneficiosa para ti en otro momento?

____

5. Lee Filipenses 4:6, 7. ¿Cuál es la actitud equivocada hacia las circunstancias difíciles?

____

¿Cuál es la actitud apropiada?

____

¿Cuál es el resultado de esa actitud?

____

"TU GOZO SERA COMPLETO"

6. ¿Cuáles son algunos beneficios de la oración? Filipenses 4:6, 7

____

7. ¿Cuál fue el resultado de la oración de Zacarías y Elisabet por un hijo? Lucas 1:13, 14

____

8. ¿Cuáles son algunos impedimentos a la contestación de las oraciones? Santiago 4:3

____

Salmo 66:18

____

ESCRIBE DE MEMORIA JUAN 16:24

____

____

____

____

Cuatro áreas importantes de la oración son:

ADORACION:	Es reflexionar sobre Dios mismo. Adorarlo por su amor, su poder y su majestad, y por su maravilloso regalo: Cristo.
CONFESION:	Es admitir ante Dios que has pecado. Ser honesto y humilde. Recuerda que él te conoce y te sigue amando.
ACCION DE GRACIAS:	Es decirle a Dios cuán agradecido estás por todo lo que te ha dado, aun por las cosas desagradables. Tu agradecimiento te ayudará a ver sus propósitos.
SUPLICACION:	Debes ser específico en tus peticiones. Primero ora por otros, luego por ti mismo.

APLICACION DE JUAN 16:24

Haz una lista de las cosas por las cuales puedes orar hoy usando esta guía. Haz una pausa y habla con Dios sobre ellas ahora mismo.

ADORACION: ______________________________

____

CONFESION: ______________________________

____

ACCION DE GRACIAS: ______________________

____

SUPLICACION: ____________________________

____

3

LA SEGURIDAD DE LA VICTORIA

Repasa los siguientes versículos y marca una X al lado de cada uno después de haberlos recitado sin equivocación.

1 Juan 5:11, 12 _____ Juan 16:24 ____

MEMORIZA 1 CORINTIOS 10:13

La Seguridad de la Victoria

No os ha sobrevenido ninguna tentación que no sea humana; pero fiel es Dios, que no os dejará ser tentados más de lo que podéis soportar, sino que juntamente con la tentación dará la salida, para que la podáis resistir."

1 Corintios 10:13

Otro ataque de Satanás podría ser así. El te insinuará: "Sí, es cierto que tienes una nueva vida, pero eres muy débil. Siempre has sido muy débil."

Traerá a tu mente algún pecado que te ha tenido atado por años. Te señalará algo de lo cual ya estás muy consciente y te dirá: "Eres débil y no vas a poder resistir esta tentación. Podrás resistir otras, pero esta no."

¿Cómo responderás? ¿Tratarás de razonar con él? ¿Intentarás usar tus propios argumentos? ¿Correrás a ver lo que dicen los demás?, o ¿te dirigirás a la Palabra del Dios invencible?

El conocer 1 Corintios 10:13 te permitirá rechazar este ataque. Dios te promete la victoria. Te pertenece a ti por ser su hijo. Créelo y verás cómo Dios hace posible lo que para los hombres es imposible. Te entusiasmarás al ver que las cadenas de hábitos negativos de siempre son rotas por su extraordinario poder.

MEDITACION SOBRE 1 CORINTIOS 10:13

¿Qué es cierto en cada tentación que enfrentas?

____

¿Quién puede darte la victoria cuando eres tentado?

____

¿Quita Dios la tentación?

____

¿Qué hace Dios por ti?

____

____

"LA TENTACION ES COMUN PARA TODOS"

1. ¿Cuál es una de las mayores fuentes de tentación? Santiago 1:13, 14

   ____

   ____

2. Lee 1 Juan 2:15, 16. ¿Cuáles son las tres áreas principales de tentación en el mundo?

   ____

   ____

   ____

3. Según 1 Pedro 5:8, cuando el diablo te tienta ¿qué está tratando de hacer?

   ____

   ¿Qué implica esto para ti?

   ____

   ____

“DIOS ES FIEL”

Tú decides: Escapar de la tentación
o caer en el pecado.

4. ¿Qué hace Dios por ti según 2 Tesalonicenses 3:3?

____

____

5. ¿Qué te dice Hebreos 4:15 acerca de Jesucristo?

____

____

“LA SALIDA”

6. ¿Cuáles son algunas cosas que puedes hacer para evitar que la tentación te lleve a pecar?

   Mateo 6:9, 13 ____________________________________

   ____

Salmo 119:9, 11 ____

____

1 Juan 5:4, 5 ____

____

Hebreos 4:16 ____

____

Santiago 4:7 ____

____

ESCRIBE DE MEMORIA 1 CORINTIOS 10:13

____

____

____

____

____

____

____

____

APLICACION DE 1 CORINTIOS 10:13

¿Cuál es una tentación que te quiere dominar frecuentemente?

____

____

¿Cuál crees que es la salida provista por Dios?

____

____

____

____

4

LA SEGURIDAD DEL PERDON

Repasa los siguientes versículos y marca una X al lado de cada uno después de haberlos recitado sin equivocación.

1 Juan 5:11, 12 ______
1 Corintios 10:13 ______
Juan 16:24 ______

MEMORIZA 1 JUAN 1:9

La Seguridad del Perdón

Si confesamos nuestros pecados, él es fiel y justo para perdonar nuestros pecados, y limpiarnos de toda maldad.

1 Juan 1:9

Aunque la victoria sobre el pecado te pertenece como hijo de Dios, vendrán ocasiones cuando no encontrarás la vía de escape. Fallarás y pecarás contra Dios. Cuando esto suceda el enemigo estará listo para insinuarle a tu mente: "¡Ahora, sí que fallaste! ¿Y no se supone que eres cristiano? Los cristianos no hacen semejantes cosas."

Pero Dios en su Palabra ha hecho provisión para los fracasos de sus hijos como se ve en 1 Juan 1:9. Cuando le confesamos nuestros pecados a él, recibimos su perdón completo y total.

Confesar un pecado significa destaparlo y llamarlo exactamente como Dios lo llama. Esta confesión sincera tiene que incluir el deseo de apartarnos del pecado. Dios no solo promete perdonarnos, sino también limpiarnos de toda maldad. ¡Qué provisión más misericordiosa!

MEDITACION SOBRE 1 JUAN 1:9

¿Qué quiere Dios que hagas con tus pecados?

____

____

¿Qué significa confesar?

¿Cómo se describe Dios en el acto de perdonarnos?

¿Qué más hace Dios cuando confiesas tus pecados?

"SI CONFESAMOS NUESTROS PECADOS"

1. Lee 1 Juan 1:8, 10. ¿Qué debes reconocer acerca de ti mismo?

2. ¿Cuál debe ser tu actitud hacia el pecado?
   Salmo 139:23, 24

   Salmo 38:18

3. ¿Qué debe acompañar a tu confesión de pecado según
   Proverbios 28:13?

"EL ES FIEL Y JUSTO PARA PERDONARNOS Y LIMPIARNOS"

4. ¿Cómo describe el Salmista a Dios en el Salmo 86:5?

5. Según Efesios 1:7, ¿sobre cuál base eres perdonado?

____

6. ¿Qué dice Hebreos 10:12 acerca del sacrificio de Cristo?

____

7. Lee Hebreos 10:17. ¿Por qué no debes sentirte culpable por un pecado ya confesado?

____

____

8. De acuerdo con Efesios 4:32, ¿cuál debe ser tu actitud hacia aquellos que te han ofendido?, ¿por qué?

____

____

____

ESCRIBE DE MEMORIA 1 JUAN 1:9

____

____

____

____

____

APLICACION DE 1 JUAN 1:9

Mientras estudiabas esta lección, quizá algo pasó por tu mente que ahora estorba tu comunión con Dios; algún pecado que has cometido por el cual no has pedido perdón. Si es así, escribe lo que Dios trajo a tu mente ____________________

____

Confiésaselo a Dios y aférrate a la promesa de 1 Juan 1:9.

¿Ha perdonado y olvidado Dios tu pecado? __________

Dale gracias por su perdón.

5

LA SEGURIDAD DE LA DIRECCION

Repasa los siguientes versículos y marca una X al lado de cada uno después de haberlos recitado sin equivocación.

1 Juan 5:11, 12 ______
Juan 16:24 ______
1 Corintios 10:13 _____
1 Juan 1:9 ______

MEMORIZA PROVERBIOS 3:5, 6

La Seguridad de la Dirección

Confía en Jehová con todo tu corazón, y no te apoyes en tu propia inteligencia. Reconócelo en todos tus caminos, y él enderezará tus sendas.

Proverbios 3:5, 6

Quizás tengas preguntas sobre el futuro, y sobre cómo será tu nueva vida. ¿Cuál es la voluntad de Dios para tu vida? ¿Realmente te guiará?

Dios sí promete dirigirte cuando aprendas a confiar completamente en él. El perfectamente te puede dirigir porque conoce todas tus necesidades, y tiene toda la sabiduría, el poder, y las riquezas para darte la mejor vida posible. El merece tu confianza.

MEDITACION SOBRE PROVERBIOS 3:5, 6

¿Qué tres cosas debes hacer?

____

____

____

Cuando estas condiciones estén reunidas, ¿qué promesa tienes?

____

____

"FIATE DE JEHOVAH"

1. Lee el Salmo 32:8, ¿Cuáles cosas puedes confiar en que Dios las va a hacer por ti?

2. Según Romanos 12:1 y 2, ¿qué pasos debes dar para experimentar la voluntad de Dios?

   ¿Cómo se describe la voluntad de Dios?

3. En Jeremías 17:7, ¿a quién le promete Dios una bendición especial?

"Y NO TE APOYES EN TU PROPIA PRUDENCIA"

4. ¿Qué advertencia hace Dios en Jeremías 17:5?

5. Lee Isaías 55:8, 9. ¿Por qué no debes limitarte al entendimiento humano?

6. ¿Cuál principio siguió Jesús para tomar decisiones?
   Juan 6:38

"RECONOCELO EN TODOS TUS CAMINOS"

7. Haz una lista de algunos "caminos" de tu vida en los cuales necesitas reconocer a Dios (por ejemplo: el uso de tu dinero, tu trabajo, tus pasatiempos).

   Escoge uno de los puntos de tu lista y escribe cómo puedes reconocer a Dios en esa área.

"EL ENDEREZARA TUS VEREDAS"

8. ¿Qué medios ha provisto Dios para determinar su voluntad?
   Salmo 119:105

   1 Corintios 2:12

9. Lee Santiago 1:5. ¿Qué debes hacer cuando haya situaciones que no entiendas?

   ¿Cómo debes pedir? Santiago 1:6, 7

10. ¿Qué precede al cumplimiento de las promesas de Dios según Hebreos 10:36?

___

ESCRIBE DE MEMORIA PROVERBIOS 3:5, 6

___

___

___

___

APLICACION DE PROVERBIOS 3:5, 6

Describe una situación de tu vida en la que estás buscando la dirección de Dios.

___

___

___

___

Haz una lista de las maneras en que puedes confiar en Dios en esta situación.

___

___

___

___

___

___

___

___

PASAJES BIBLICOS USADOS EN *SEGURIDAD EN CRISTO*

Versículos del Antiguo Testamento

Salmo 32:8	*Te haré entender y te enseñaré el camino en que debes andar. Sobre ti fijaré mis ojos.*
Salmo 38:18	*Por eso confesaré mi iniquidad; me acongojaré por mi pecado.*
Salmo 66:18	*Si en mi corazón yo hubiese consentido la iniquidad, el Señor no me habría escuchado.*
Salmo 86:5	*Porque tú, oh Señor, eres bueno y perdonador, grande en misericordia para con los que te invocan.*
Salmo 119:9, 11	*¿Con qué limpiará el joven su camino? Con guardar tu palabra.* *En mi corazón he guardado tus dichos para no pecar contra ti.*
Salmo 119:105	*Lámpara es a mis pies tu palabra, y lumbrera a mi camino.*
Salmo 139:23, 24	*Examíname, oh Dios, y conoce mi corazón; pruébame y conoce mis pensamientos.* *Ve si hay en mí camino de perversidad y guíame por el camino eterno.*
Proverbios 28:13	*El que encubre sus pecados no prosperará, pero el que los confiesa y los abandona alcanzará misericordia.*
Isaías 55:8, 9	"*Porque mis pensamientos no son vuestros pensamientos, ni vuestros caminos son mis caminos, dice Jehovah. Como son más altos los cielos que la tierra, así mis caminos son más altos que vuestros caminos, y mis pensamientos más altos que vuestros pensamientos.*"

Isaías 59:2 — *Vuestras iniquidades son las que hacen separación entre vosotros y vuestro Dios. Vuestros pecados han hecho que su rostro se oculte de vosotros para no escuchar.*

Jeremías 17:5 — *Así ha dicho Jehová: "Maldito el hombre que confía en el hombre, que se apoya en lo humano y cuyo corazón se aparta de Jehovah."*

Jeremías 17:7 — *Bendito el hombre que confía en Jehovah, y cuya confianza es Jehovah.*

Jeremías 33:3 — *Clama a mí, y yo te responderé; y te revelaré cosas grandes e inaccesibles que tú no conoces.*

Versículos del Nuevo Testamento

Mateo 6:9-13 — *Vosotros, pues, orad así: Padre nuestro que estás en los cielos: Santificado sea tu nombre, venga tu reino, sea hecha tu voluntad, como en el cielo así también en la tierra. El pan nuestro de cada día, dánoslo hoy. Perdónanos nuestras deudas, como también nosotros perdonamos a nuestros deudores. Y no nos metas en tentación, mas líbranos del mal. [Porque tuyo es el reino, el poder y la gloria por todos los siglos. Amén.]*

Mateo 7:7-11 — *Pedid, y se os dará. Buscad y hallaréis. Llamad, y se os abrirá. Porque todo el que pide recibe, el que busca halla, y al que llama se le abrirá. ¿Qué hombre hay entre vosotros que, al hijo que le pide pan, le dará una piedra? ¿O al que le pide pescado, le dará una serpiente? Pues si vosotros, siendo malos, sabéis dar cosas buenas a vuestros hijos, ¿cuánto más vuestro Padre que está en los cielos dará cosas buenas a los que le piden?*

Lucas 1:13, 14 — *Pero el ángel le dijo: —¡No temas, Zacarías! Porque tu oración ha sido atendida. Tu esposa Elisabet te dará a luz un hijo, y llamarás su nombre Juan. Tendrás gozo y alegría, y muchos se gozarán de su nacimiento.*

Juan 1:12	*Pero a todos los que le recibieron, a los que creen en su nombre, les dio derecho de ser hechos hijos de Dios.*
Juan 5:24	*De cierto, de cierto os digo que el que oye mi palabra y cree al que me envió tiene vida eterna. El tal no viene a condenación, sino que ha pasado de muerte a vida.*
Juan 6:38	*Porque yo he descendido del cielo, no para hacer la voluntad mía, sino la voluntad del que me envió.*
Juan 10:27-29	*Mis ovejas oyen mi voz, y yo las conozco, y me siguen. Yo les doy vida eterna, y no perecerán jamás, y nadie las arrebatará de mi mano. Mi Padre que me las ha dado, es mayor que todos; y nadie las puede arrebatar de las manos del Padre.*
Juan 15:7	*Si permanecéis en mí, y mis palabras permanecen en vosotros, pedid lo que queráis, y os será hecho.*
Juan 20:30, 31	*Por cierto Jesús hizo muchas otras señales en presencia de sus discípulos, las cuales no están escritas en este libro. Pero estas cosas han sido escritas para que creáis que Jesús es el Cristo, el Hijo de Dios, y para que creyendo tengáis vida en su nombre.*
Romanos 5:8	*Pero Dios demuestra su amor para con nosotros, en que siendo aún pecadores, Cristo murió por nosotros.*
Romanos 12:1, 2	*Así que, hermanos, os ruego por las misericordias de Dios que presentéis vuestros cuerpos como sacrificio vivo, santo y agradable a Dios, que es vuestro culto racional. No os conforméis a este mundo; más bien, transformaos por la renovación de vuestro entendimiento, de modo que comprobéis cuál sea la buena voluntad de Dios, buena, agradable y perfecta.*

1 Corintios 2:12	*Y nosotros no hemos recibido el espíritu de este mundo, sino el Espíritu que procede de Dios, para que conozcamos las cosas que Dios nos ha dado gratuitamente.*
2 Corintios 5:17	*De modo que si alguno está en Cristo, nueva criatura es; las cosas viejas pasaron; he aquí todas son hechas nuevas.*
Efesios 1:7	*En él tenemos redención por medio de su sangre, el perdón de nuestras transgresiones, según las riquezas de su gracia.*
Efesios 2:8, 9	*Porque por gracia sois salvos por medio de la fe; y esto no de vosotros, pues es don de Dios. No es por obras, para que nadie se gloríe.*
Efesios 3:20, 21	*Y a aquel que es poderoso para hacer todas las cosas mucho más abundantemente de lo que pedimos o pensamos, según el poder que actúa en nosotros, a él sea la gloria en la iglesia y en Cristo Jesús, por todas las generaciones de todas las edades, para siempre. Amén.*
Efesios 4:32	*Más bien, sed bondadosos y misericordiosos los unos con los otros, perdonándoos unos a otros, como Dios también os perdonó a vosotros en Cristo.*
Filipenses 4:6, 7	*Por nada estéis afanosos; más bien, presentad vuestras peticiones delante de Dios en toda oración y ruego, con acción de gracias. Y la paz de Dios, que sobrepasa todo entendimiento, guardará vuestros corazones y vuestras mentes en Cristo Jesús.*
2 Tesalonicenses 3:3	*Pero fiel es el Señor, que os establecerá y os guardará del mal.*

Hebreos 4:14-16	*Por tanto, teniendo un gran sumo sacerdote que ha traspasado los cielos, Jesús el Hijo de Dios, retengamos nuestra confesión. Porque no tenemos un sumo sacerdote que no puede compadecerse de nuestras debilidades, pues él fue tentado en todo igual que nosotros, pero sin pecado. Acerquémonos, pues, con confianza al trono de la gracia para que alcancemos misericordia y hallemos gracia para el oportuno socorro.*
Hebreos 10:12	*Pero éste, habiendo ofrecido un solo sacrificio por los pecados, se sentó para siempre a la diestra de Dios.*
Hebreos 10:17	*El añade: "Nunca más me acordaré de los pecados e iniquidades de ellos."*
Hebreos 10:36	*Porque os es necesaria la perseverancia para que, habiendo hecho la voluntad de Dios, obtengáis lo prometido.*
Santiago 1:5-8	*Y si a alguno de vosotros le falta sabiduría, pídala a Dios, quien da a todos con liberalidad y sin reprochar; y le será dada. Pero pida con fe, no dudando nada. Porque el que duda es semejante a una ola del mar movida por el viento y echada de un lado a otro. No piense tal hombre que recibirá cosa alguna del Señor. El hombre de doble ánimo es inestable en todos sus caminos.*
Santiago 1:13, 14	*Nadie diga cuando sea tentado: "Soy tentado por Dios"; porque Dios no es tentado por el mal, y él no tienta a nadie. Pero cada uno es tentado cuando es arrastrado y seducido por su propia pasión.*
Santiago 4:3	*Pedís, y no recibís; porque pedís mal, para gastarlo en vuestros placeres.*

Santiago 4:7	*Someteos, pues, a Dios. Resistid al diablo, y él huirá de vosotros.*
1 Pedro 3:18	*Porque Cristo también padeció una vez para siempre por los pecados, el justo por los injustos, para llevarnos a Dios, siendo a la verdad muerto en la carne, pero vivificado en el espíritu.*
1 Pedro 5:8	*Sed sobrios y velad. Vuestro adversario el diablo, como león rugiente, anda alrededor buscando a quién devorar.*
1 Juan 1:8-10	*Si decimos que no tenemos pecado, nos engañamos a nosotros mismos, y la verdad no está en nosotros. Si confesamos nuestros pecados, él es fiel y justo para perdonar nuestros pecados y limpiarnos de toda maldad. Pero si decimos que no hemos pecado, le hacemos a él mentiroso, y su palabra no está en nosotros.*
1 Juan 2:15, 16	*No améis al mundo ni las cosas que están en el mundo. Si alguno ama al mundo, el amor del Padre no está en él; porque todo lo que hay en el mundo —los deseos de la carne, los deseos de los ojos y la soberbia de la vida— no provienen del Padre sino del mundo.*
1 Juan 5:4, 5	*Porque todo lo que ha nacido de Dios vence al mundo; y esta es la victoria que ha vencido al mundo: nuestra fe. ¿Quién es el que vence al mundo, sino el que cree que Jesús es el Hijo de Dios?*
1 Juan 5:14, 15	*Y ésta es la confianza que tenemos delante de él: que si pedimos algo conforme a su voluntad, él nos oye. Y si sabemos que él nos oye en cualquier cosa que pidamos, sabemos que tenemos las peticiones que le hayamos hecho.*